À LA DÉCOUVERTE DU CANADA

Les Premières nations

ROBERT LIVESEY ET A.G. SMITH

PLAINES

Les Éditions des Plaines remercient le Conseil des Arts du Canada et le Conseil des Arts du Manitoba du soutien accordé dans le cadre des subventions globales aux éditeurs et reconnaissent l'aide financière du ministère du Patrimoine canadien (PADIÉ) et du ministère de la Culture, Patrimoine et Tourisme du Manitoba, pour ses activités d'édition.

Première édition française
Éditions des Plaines, Saint-Boniface, Manitoba, 2008.

Traduction de Marie-Hélène Duval
Imprimé au Canada par Hignell Book Printing, Winnipeg (Manitoba)

Catalogage avant publication de Bibliothèque et Archives Canada

Livesey, Robert, 1940-

    Les Premières nations / Robert Livesey ; illustrations d'A.G. Smith.

    (À la découverte du Canada)
    Comprend un index.
    Traduction de: Native peoples.
    ISBN 978-2-89611-040-7

1. Autochtones--Canada--Ouvrages pour la jeunesse. I. Smith, A. G. (Albert Gray), 1945- II. Titre. III. Collection: À la découverte du Canada (Saint-Boniface, Man.)

E78.C2L5814 2008   j971.004'97   C2008-903261-6

Dépôt légal : 3e trimestre 2008
Bibliothèque nationale du Canada,
Bibliothèque provinciale du Manitoba
et Bibliothèque nationale du Québec.

À mon cousin Andrew et à Young John, affectueusement

*Un remerciement tout spécial à Elsha Leventis, à Okwaho (George) Thomas et à Skip Pennell du centre éducatif Kanata, une réplique d'un village iroquois du XVII*ᵉ *siècle situé à Brantford en Ontario. Remerciements également aux bibliothécaires de la bibliothèque publique d'Oakville, du Sheridan College et de l'Université de Windsor pour leur aide dans la publication de cet ouvrage.*

Table des matières

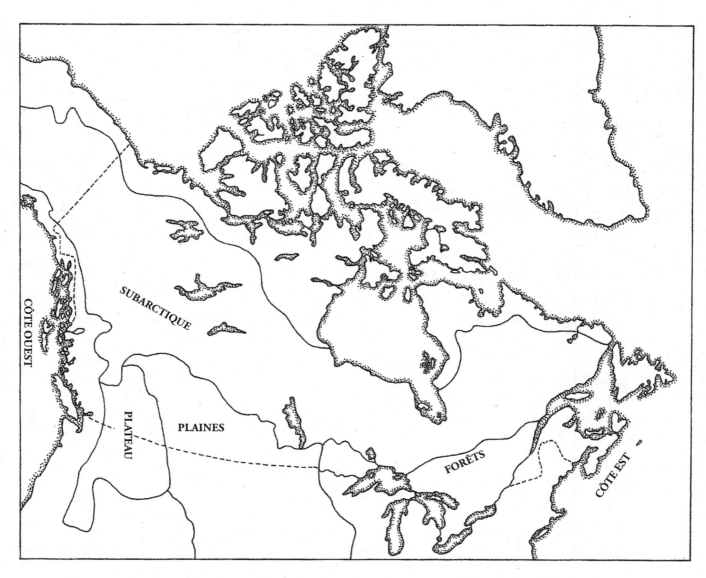

CÔTE OUEST

SUBARCTIQUE

PLATEAU

PLAINES

FORÊTS

CÔTE EST

ZONES CULTURELLES DES PREMIÈRES NATIONS AU CANADA

Introduction

Imagine que tu explores le Canada à l'époque où seuls les Amérindiens habitaient le pays.

Si tu avais visité ce qui est aujourd'hui le Canada avant que les explorateurs ou les colons blancs européens ne le découvrent, tu aurais rencontré de nombreuses peuplades amérindiennes ayant diverses coutumes et divers modes de vie. Chacune protégeait son territoire et respectait ses propres traditions.

Un bon moyen de mieux connaître un peuple est de s'intéresser à ses récits sur le monde dans lequel il vit. Tout en traversant le continent et en rencontrant ces divers groupes, tu découvriras également certaines de leurs légendes dans lesquelles figurent des animaux étranges, des héros célèbres et des dieux surnaturels dont les Amérindiens parlaient à leurs enfants le soir autour du feu.

Certains chercheurs croient que les premiers humains à peupler l'Amérique du Nord provenaient d'Asie. D'autres contestent cette théorie. Quelle que soit leur origine, les premiers venus ont progressé lentement sur le continent au cours de nombreux siècles, jusqu'à atteindre et coloniser diverses régions du Canada, des États-Unis, du Mexique et de l'Amérique du Sud. Ils se sont adaptés à de nouveaux climats et au milieu naturel où ils se sont installés. Le style de vie et les traditions des divers peuples variaient énormément en fonction de leur environnement. Ils vivaient très près de la nature et dépendaient des animaux et des plantes pour leur survie. C'est la nature qui leur procurait leur nourriture, leurs vêtements, leurs abris et leurs moyens de transport.

1 *Peuple du soleil levant*

Le géant Glooscap

Comment le monde a-t-il été créé? D'où viennent les humains? Tes réponses à ces questions appartiennent probablement à l'une de ces deux catégories : la religion ou la science. Avant l'arrivée des Européens, les Amérindiens avaient leurs propres religions et leurs propres explications de la création du monde. Les Wabanakis croyaient en cette légende :

Au commencement, avant l'existence des animaux ou des humains, le monde était constitué de forêts impénétrables et d'eaux profondes. Glooscap vint de loin, du monde d'en haut. C'était un géant, un guerrier à la peau brune qui était deux fois plus grand et plus puissant qu'un homme. Il portait une ceinture magique qui lui donnait des pouvoirs fantastiques et qu'il n'utilisait que pour faire le bien. Il était à moitié dieu, à moitié homme.

Glooscap partit en canot et se rendit jusqu'à la côte est de l'Amérique du Nord, où le soleil se lève tous les matins sur l'océan. Il attacha son canot au fond de l'océan, puis le changea en une grande île pierreuse surmontée d'arbres géants. Il nomma l'île *Uktamkoo*. Nous l'appelons aujourd'hui Terre-Neuve.

Ensuite, Glooscap tira des flèches dans le tronc des frênes d'où sortirent les premiers hommes forts et les premières jolies femmes. Glooscap nomma ces personnes à la peau dorée et aux cheveux lustrés noirs *Wabanaki*, ce qui signifie « peuple du soleil levant ».

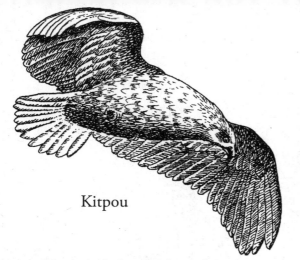

Kitpou

Ableegumooch

Plus tard, les Wabanakis quittèrent *Uktamkoo* pour peupler les forêts de l'est où ils donnèrent naissance à des peuples comme les Micmacs, les Abénaquis (Abnaki), les Malécites, les Passamoquoddys et les Penobscots bien que, où qu'ils se soient installés, on les appelait le peuple de Glooscap.

Le grand chef, Glooscap, dirigeait son peuple avec amour et sagesse. Il avait enseigné à son peuple comment construire des barrages pour pêcher le poisson, comment utiliser les plantes pour se soigner et comment se fabriquer des wigwams et des canots en écorce de bouleau.

Enfin, Glooscap façonna des animaux dans de l'argile, comme *Ableegumooch*, le lièvre; *Kitpou*, l'aigle; *Lusifee*, le chat sauvage; *Miko*, l'écureuil; *Mooin*, l'ours; *Team*, l'orignal, et beaucoup d'autres.

Glooscap avait un frère jumeau nommé *Malsumis*. Celui-ci était descendu du ciel en même temps que Glooscap. Malsumis avait un corps d'homme surmonté d'une tête de loup. Il était jaloux de Glooscap et utilisait son pouvoir magique pour faire des mauvais coups. Pendant que Glooscap créait les animaux, Malsumis lui jeta un mauvais sort. L'argile lui échappa des mains pour tomber sur la terre sous la forme d'une créature surnaturelle en partie castor, en partie blaireau, en partie carcajou. La créature pouvait prendre la forme de l'un ou l'autre de ces trois animaux.

Miko

Lusifee

Enchanté, Malsumis déclara en souriant :

« Il s'appellera Lox! »

Glooscap accepta, mais à contrecœur, car il savait que Lox serait méchant, comme Malsumis.

Au départ, Glooscap avait créé des animaux géants, plus grands que les humains. Lox, le fourbe, alla voir chacun d'eux pour les amener à attaquer les humains. Lorsque Glooscap s'aperçut de sa malice, il chassa Lox, mais l'animal sournois continua de parcourir le territoire, de causer des problèmes et de tenter les humains et les animaux à mal se comporter.

Enfin, Glooscap rapetissa les animaux à leur taille actuelle et déclara : « J'ai fait les animaux pour qu'ils soient les amis de mon peuple, mais ils l'ont attaqué. Je les punirai en faisant d'eux les serviteurs de mon peuple. Ils lui serviront de nourriture et de vêtements. » *Kespeadooksit*… l'histoire est finie.

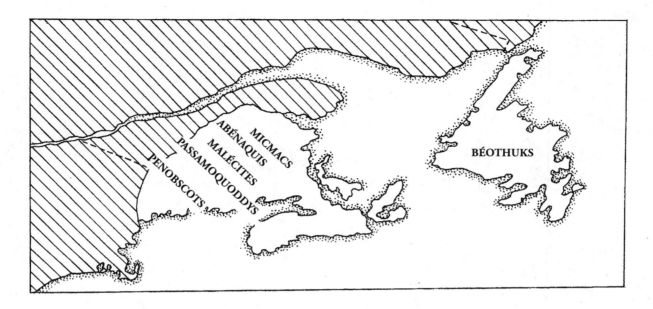

Peuples de la côte est

Il fut un temps où les deux principaux groupes d'Amérindiens du Canada vivaient sur la côte est du pays. Le groupe le plus nombreux parlait l'algonquin et comprenait les Micmacs, les Malécites, les Abénaquis, les Penobscots et les Passamoquoddys.

L'autre groupe occupait l'île de Terre-Neuve. Bien qu'ils aient d'abord fait partie des Algonquins, les mystérieux Béothuks, isolés du continent, avaient élaboré leur propre langue et leur propre culture au cours des millénaires. Ils se couvraient le corps, et peignaient leurs armes et leurs vêtements d'un enduit composé d'un mélange d'ocre et d'huile. L'hiver, cette pâte les protégeait du froid et l'été, des insectes. Ils croyaient également qu'elle leur procurait le pouvoir magique de donner la vie. C'est en raison de cet enduit rouge que les premiers colons ont appelé les Amérindiens des « Peaux-Rouges ».

L'habitation des Béothuks s'appelait *mamateek*. À l'intérieur des terres, plusieurs familles de l'île de Terre-Neuve vivaient ensemble dans un *mamateek* solide à six ou huit côtés. On regroupait ensemble ces habitations de 6 mètres, comme on regroupe maintenant les maisons dans les rues de banlieue. De 100 à 150 personnes y travaillaient et chassaient ensemble.

L'été, les villages de l'île étaient déserts, tout comme les villes fantômes, car les Amérindiens allaient s'installer par petits groupes familiaux au bord de la mer. Les *mamateeks* d'été pouvaient abriter de six à dix personnes. On pouvait en construire un en moins d'une heure, ce qui avait de l'importance, car les chasseurs changeaient souvent d'endroit.

DÉS MICMACS EN OS

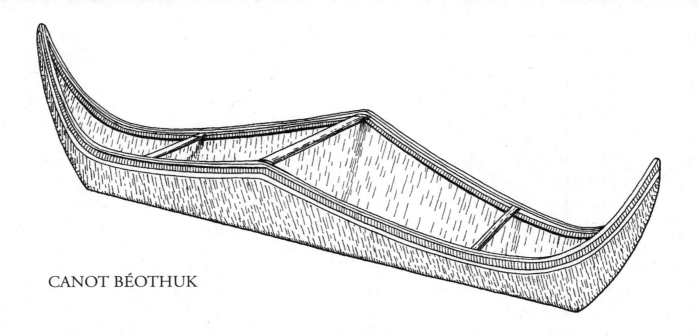

CANOT BÉOTHUK

Canot béothuk

Le canot béothuk était différent de tous les autres canots amérindiens. Les Béothuks recouvraient la structure faite en épinette d'écorce de bouleau qu'ils peignaient à l'ocre rouge. Le canot était muni d'une quille et ses côtés étaient droits contrairement aux autres canots au fond arrondi. Les côtés étaient plus hauts et courbés aux deux extrémités et au milieu, afin d'éviter que le canot ne se fasse renverser par les grosses vagues de l'océan. Le canot béothuk pouvait mesurer de 4 à 7 mètres de long, et pouvait accueillir de quatre à huit passagers.

Canot micmac

Les canots dont les Micmacs se servaient pour aller en mer mesuraient de 5 à 6 mètres de longueur et de 89 à 115 cm de largeur. Dans les eaux agitées, le canot nécessitait souvent de 5 à 10 mètres carrés de voilure. Les bords de la poupe et de la proue étaient très rapprochés afin d'éviter que les grosses vagues n'emplissent le canot. Les Micmacs se servaient d'une longue rame pour le diriger ou le faire avancer. La structure du canot était recouverte d'écorce de bouleau et les rames étaient généralement sculptées dans de l'érable.

La crosse : sport national du Canada

Une des légendes sur Glooscap décrit un concours entre lui-même et Winpe, le magicien de la mer du Nord. Le jeu appartenait à Winpe et s'appelait *tokhonon*. Dans ce jeu, chaque joueur tentait d'envoyer une balle dans le but de son opposant au moyen d'un bâton muni d'un filet. La balle était confectionnée avec une peau d'orignal bourrée. Après avoir gagné la partie, Glooscap réclama le jeu en guise de prix de la victoire, et le rapporta à son peuple. Ce jeu, la crosse, est aujourd'hui le sport national du Canada. Les Amérindiens se préparaient au jeu par une longue période de prière et de jeûne.

L'avertissement

Glooscap avait enseigné aux hommes à fabriquer des armes, comme les pointes de lance en pierre ainsi que les arcs et les flèches pour la chasse. Il avait enseigné aux femmes comment faire cuire la viande et fabriquer des vêtements avec la peau des animaux. Mais le grand chef leur avait aussi donné cet avertissement : « Ne tuez jamais pour le plaisir, mais seulement pour vous procurer nourriture et vêtements. Si vous n'obéissez pas, le géant Famine vous fera souffrir de la faim et vous mourrez. »

CHAPITRE 2 *Clans de la maison longue*

La femme tombée du ciel

Êtes-vous pacifiste? Avez-vous des amis ou des copains de classe qui aiment la confrontation et la bagarre? Les Amérindiens savaient à quel point c'était nul de se bagarrer et combien il était plus sage de vivre en harmonie les uns avec les autres. Les peuples des forêts de l'est racontaient l'histoire suivante à leurs enfants* :

Il y a bien longtemps, dans le monde d'en haut, le jour et la nuit n'existaient pas. Près de la maison longue du puissant chef du monde d'en haut poussait le grand arbre de lumière qui projetait ses rayons lumineux dans le ciel. Les êtres qui peuplaient les cieux profitaient de la chaleur et de la sagesse de l'arbre et vivaient en harmonie.

Lorsque le chef épousa une jeune femme nommée Fleur épanouie, le dragon du feu de la jalousie s'empara de son esprit. Un jour, le chef déracina le grand arbre de lumière et invita sa jeune épouse à regarder le monde d'en bas par le trou. Au moment où elle s'approcha du trou, il la poussa et elle commença à tomber.

Dans le monde d'en bas, il n'y avait que de l'eau. Les créatures de l'air et de l'eau virent la femme tomber du ciel et vinrent à sa rescousse. Les oiseaux l'attrapèrent dans leurs ailes. Les créatures de l'eau essayèrent de plonger tout au fond de l'océan pour en rapporter de la boue, afin de lui offrir un lieu où se reposer. Finalement, c'est Rat musqué qui y parvint.

*Étant donné que les légendes orales se transmettaient de génération en génération, il existe aujourd'hui de nombreuses versions du récit de la femme du ciel parmi les Premières nations.

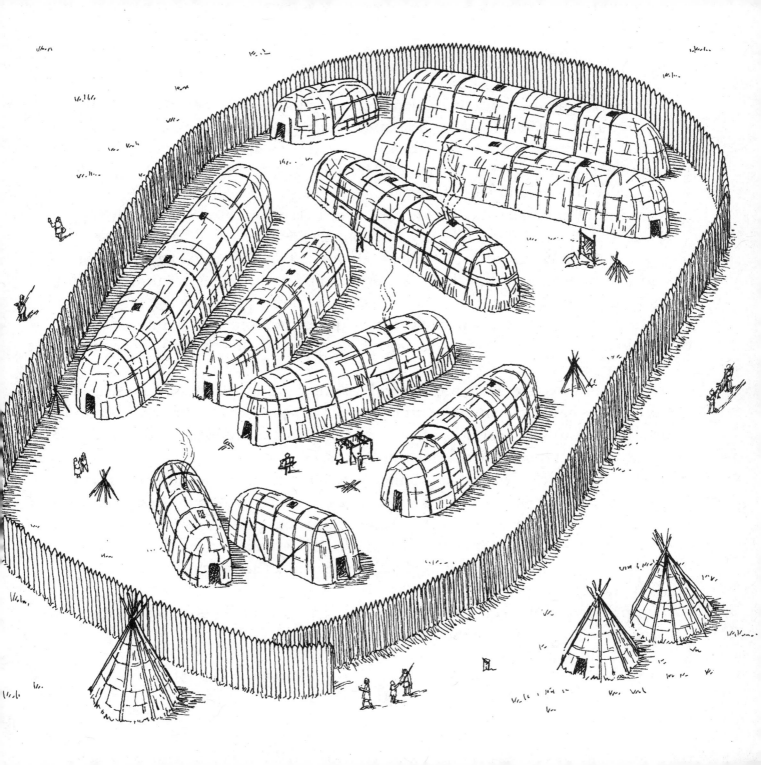

Castor répandit la boue sur le dos de la tortue et les oiseaux posèrent délicatement la femme du ciel sur la petite île que les animaux avaient confectionnée. L'île commença immédiatement à s'agrandir. À mesure que la femme du ciel explorait son univers en expansion, des graines tombaient de ses vêtements sur le sol et des plantes commencèrent instantanément à pousser.

Après que le monde eut atteint sa taille actuelle, la femme du ciel donna naissance à une première fille. Cette fille, devenue adulte, épousa le vent d'Ouest qui avait le pouvoir de prendre forme humaine. Ils eurent deux fils jumeaux. Le premier-né, qui était beau et bon, s'appelait *Tijuskeha*, ce qui signifie « sage »; l'autre qui était laid et cruel, reçut le nom de *Tawiskarong*, qui signifie « pierre à feu ». Le mauvais frère causa délibérément la mort de sa mère qui, de son tombeau, donna naissance à trois sœurs : Courge, Maïs et Haricot. C'est pourquoi on commença à l'appeler Terre mère.

Sage avait reçu le pouvoir de créer. Il créa d'abord les plantes, les animaux et les oiseaux chanteurs, puis un homme à son image qu'il appela Jeune arbre, et une femme qu'il appela Fleur qui pousse. Il fit également les rivières qui coulent dans les deux sens et qui facilitent les déplacements.

Jaloux, Pierre à feu essaya d'imiter son frère, mais ses créations donnèrent les serpents, les épines, les chardons, les chauves-souris et les monstres. Dans les rivières, il fit les rapides et les chutes qui obligèrent la rivière à couler dans une seule direction. Dans le dessein de détruire les récoltes, Pierre à feu inventa l'hiver. Mais lorsqu'il provoqua Sage en duel, le méchant Pierre à feu fut vaincu, puis banni de la terre.

Après avoir commandé à son peuple de vivre en paix les uns avec les autres, Sage partit vivre dans le monde d'en haut.

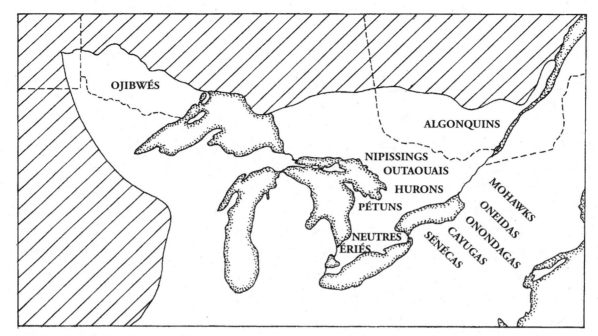

Peuples des forêts

Les nations iroquoises comprenaient les Cayugas, les Oneidas, les Onondagas, les Sénécas, et les Mohawks, qui vivent le long du fleuve Saint-Laurent et au sud du lac Ontario. Au nord, dans ce qui est aujourd'hui l'Ontario, vivaient leurs ennemis, les *Wendats* (qu'on appellera plus tard Hurons), les Pétuns (« tabac »), les Ériés et les Neutres. Les deux groupes parlaient une langue semblable et observaient presque les mêmes traditions. Ils vivaient dans de grandes maisons longues et manifestaient beaucoup de respect pour leurs femmes, en particulier celles qui avaient eu des enfants. C'était d'ailleurs les mères de clan (après consultation du peuple) qui nommaient les chefs (appelés *royaners* ou sachems). Elles pouvaient les remplacer si elles n'étaient pas satisfaites de la façon dont ils remplissaient leur tâche. Les enfants appartenaient à la famille ou au clan de leur mère. Plus au nord, on retrouvait les nations qui parlaient la langue algonquine, y compris les Outaouais, les Nipissings et les Ojibwés.

15

Société des faux-visages

Les Iroquois avaient de nombreuses sociétés, ou clubs. La Société des faux-visages, pour sa part, avait pour objectif d'effrayer les mauvais esprits qui rendaient les personnes malades. Les membres de la Société portaient de grands masques sculptés dans du bois. Ils avaient aussi des hochets fabriqués au moyen d'une carapace de tortue remplie de petites pierres. Ils dansaient autour du ou de la malade, psalmodiaient, faisaient du bruit avec leur hochet et répandaient de la cendre sur la personne malade. Si la personne guérissait, elle devenait parfois membre de la Société des faux-visages et sculptait son propre masque.

Masques de maïs

Les membres de la Société des faux-visages de maïs tressaient ou tissaient leur masque avec des feuilles de maïs. Ils faisaient partie de ceux qui savaient comment semer et récolter le maïs, les haricots et les courges. Afin d'assurer de bonnes récoltes, ils dansaient en portant leur masque. On appelait également ces masques « tête touffue » ou « cheveux crépus ». Les membres de la Société des faux-visages de maïs, qui avaient également le pouvoir de guérir, portaient un bâton en bois pour se protéger des démons et ne parlaient qu'en chuchotant.

Les trois sœurs

Les femmes s'occupaient de la maison longue et des cultures. Elles cultivaient surtout la courge, les haricots et le maïs qu'on appelait les « trois sœurs » ou « nos moyens de subsistance ».

MASQUE IROQUOIS

MASQUE DE MAÏS

17

Cannibales et serpents à sonnettes

Les Mohawks étaient de grands guerriers, craints de leurs ennemis. Ils se donnaient le nom de *Ganiengehaka*, qui signifie « peuple du pays de la pierre à feu », mais leurs opposants les appelaient *Mowak* (Mohawk), qui signifie « cannibale ». De même, les Iroquois se donnaient le nom de *Hodenosaunee*, qui signifie « peuple de la maison longue ». Ce sont les Algonquins, leurs ennemis, qui les appelaient Iroquois, terme injurieux qui signifie « serpent à sonnettes ».

Maisons longues

Le peuple des forêts habitait des villages de maisons longues, des bâtiments étroits de 15 à 45 mètres de long et de 5,5 à 7,5 mètres de large. Elles n'avaient pas de fenêtres et leur toit arqué était recouvert de bandes d'écorce d'orme. Chaque maison longue abritait des familles ou clans qui descendaient de la même « mère de clan », la femme la plus âgée de la famille. Un signe au-dessus de la porte d'entrée indiquait à quel clan appartenait le peuple. Par exemple, la tortue, l'ours, le castor, le loup, etc.

Ceinture Hiawatha

Cette ceinture a été fabriquée pour célébrer la fondation de la Ligue de la paix. Le pin au milieu représente le territoire *Onondaga* où les cinq nations ont tenu leurs rencontres. Les rectangles symbolisent les quatre autres nations. La ceinture originale est exposée au musée d'État de New York à Albany.

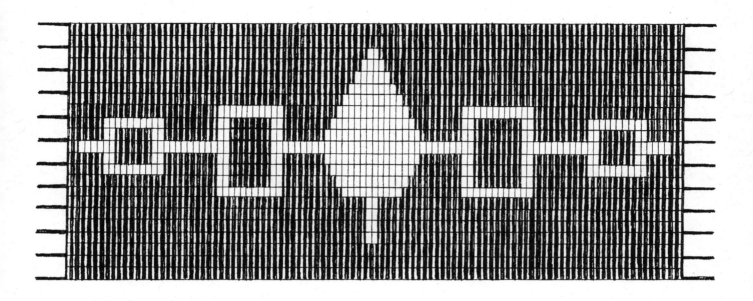

Grand arbre de la paix

Il y a longtemps, un prophète Wendat du nord, Deganawidah, le pacifique, eut une vision. En quête de la paix, il se rendit au sud où il rencontra le célèbre Hiawatha. Ensemble, ils persuadèrent les chefs des peuples Sénéca, Cayuga, Onondaga, Oneida et Mohawk de former une alliance des cinq nations, invitant tous les peuples autochtones à vivre ensemble dans la paix. Plus tard, les Tuscaroras, chassés de la Caroline du Nord par les Blancs, devinrent la sixième nation. Les Iroquois appelèrent la confédération *Kaianerakowa* (la grande loi de la paix). Afin de symboliser leur union, ils plantèrent le grand arbre de la paix muni de branches protectrices et dont les racines s'étendent sur tout le territoire où chacun peut en attraper une et découvrir la paix.

Construis une maison longue

Les Iroquois et leurs voisins des forêts de l'est vivaient dans des maisons longues. Ils construisaient une charpente avec des pieux attachés les uns aux autres, et recouvraient cette structure d'écorce de bouleau ou d'orme.

Ce qu'il te faut :
Des ciseaux
De la colle blanche du type Elmer
Un outil émoussé à marquer comme un couteau de table
Du papier

Ce qu'il faut faire*:

1. Découpe les trois pièces : les deux bouts et le toit avec les côtés.
2. Fais des marques le long des rabats et replie-les.
3. Mets de la colle sur le long rabat de l'un des côtés de chaque bout et colle-les à l'un des côtés de la maison.
4. Une fois la colle sèche de ce côté, fais la même chose avec les autres petits rabats pour le toit, et l'autre long rabat pour l'autre côté. Si tu photocopies ces pages, tu pourras faire plusieurs maisons longues avec tes amis et obtenir ainsi tout un village.

*Tu peux photocopier ou tracer ces cinq pages.

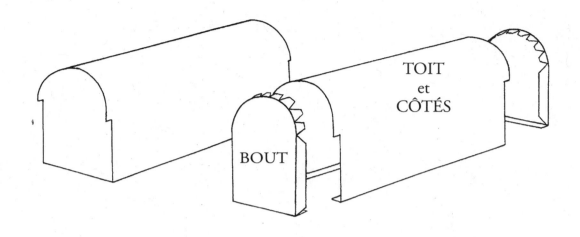

BOUT

TOIT
et
CÔTÉS

LES DEUX
BOUTS

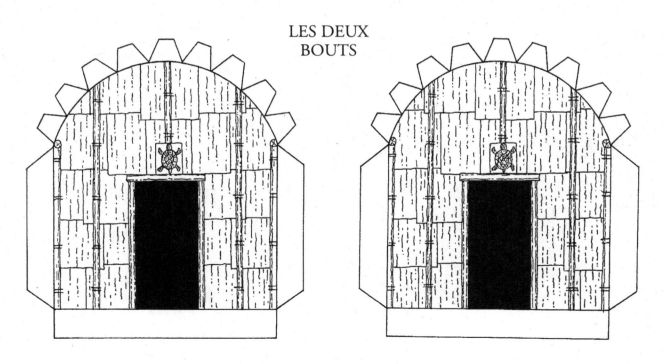

21

DÉCOUPE DE
L'AUTRE CÔTÉ

DÉCOUPE DE
L'AUTRE CÔTÉ

CÔTÉ

TOIT

CÔTÉ

23

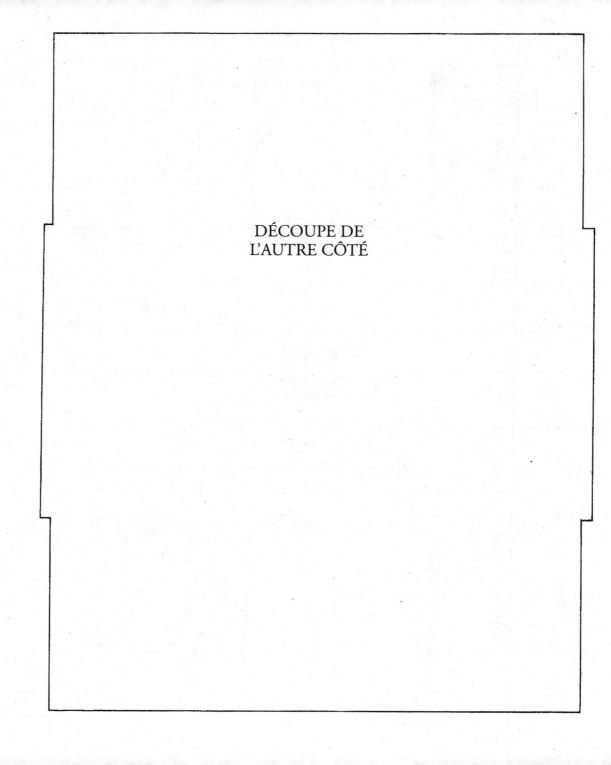

DÉCOUPE DE
L'AUTRE CÔTÉ

Charade des rêves (psychologie amérindienne)

Les Amérindiens des forêts croyaient que les désirs inconscients entraînaient de l'anxiété et étaient révélés par les rêves. Pour qu'un Amérindien cesse d'être malheureux, il fallait qu'on reconnaisse et qu'on réalise le désir exprimé par son rêve.

Une partie de l'activité sociale du clan consistait à essayer de deviner le rêve d'une personne malheureuse. Le rêveur donnait des indices en mimant ou en chantant, en dansant ou en criant. Les autres devaient deviner le désir du rêveur et le satisfaire. Une fois les désirs du rêveur satisfaits, il avait l'esprit tranquille et se sentait bien. On considérait qu'il était malhonnête d'inventer un rêve pour obtenir quelque chose. Si le désir d'un rêve était trop grand ou trop hostile pour être satisfait, on le réalisait sous la forme d'une représentation théâtrale.

Les perles qui parlent (wampum)

Les wampums racontent l'histoire du peuple des forêts et conservent ses lois et ses coutumes. Les perles des wampums provenaient des palourdes de la rivière, appelées *quahog*. Elles étaient blanches et violettes. Chaque nation amérindienne avait un gardien officiel du wampum qui mémorisait les récits visuels et symboliques de chaque ceinture et les transmettait à un plus jeune qui deviendrait un jour le prochain gardien. Les peuples des forêts considéraient que les ceintures wampums étaient sacrées, car ils ne possédaient pas de livre ni aucun autre document écrit. C'était le seul document racontant l'histoire de la nation.

CHAPITRE 3 *Nomades*

Wisakedjak

Les jeunes membres d'une bande crie parcourant les pistes des forêts du nord à la recherche de nourriture se faisaient conter les aventures de Wisakedjak, dont les étourderies causaient des ennuis aux humains et aux animaux. La légende suivante était amusante, mais mettait également les jeunes en garde sur la façon de se comporter dans la vie :

Après que le Créateur eut fait le monde et toutes les créatures, il confia à Wisakedjak la responsabilité de s'occuper de la terre et d'enseigner aux humains et aux animaux comment vivre ensemble en paix. Mais Wisakedjak les laissa faire tout ce qu'ils voulaient de sorte qu'ils ne tardèrent pas à se battre et à s'entretuer.

En colère, le Créateur demanda à Wisakedjak de mettre fin à ce bain de sang inutile, mais celui-ci ne fit rien. Il se mit plutôt à jouer des tours aux humains et aux animaux, les rendant encore plus violents et plus désobéissants. Le sang rougit la terre.

Le Créateur réprimanda Wisakedjak encore une fois et menaça tous les êtres de les détruire et de raser le monde s'ils ne changeaient pas d'attitude. Mais le bain de sang perdura.

Alors vint la pluie. Elle tomba jour et nuit, faisant gonfler lacs et rivières qui inondèrent tout et noyèrent tous les êtres vivants, sauf Wisakedjak, une loutre, un castor et un tout petit rat musqué. Grâce à ses pouvoirs surnaturels, Wisakedjak put s'asseoir sur l'eau. La loutre, le castor et le rat musqué nageaient près de lui.

TRAPPEURS CRIS

Wisakedjak regrettait sa mauvaise conduite et pleurait. Même après que la pluie se soit arrêtée, il n'osa pas s'adresser au Créateur. Wisakedjak n'avait pas le pouvoir de créer, mais il pouvait multiplier ce qui existait déjà. Il dit à ses amis animaux qu'il leur ferait une île sur laquelle habiter si l'un d'eux lui rapportait un peu de l'ancienne terre qui était maintenant sous l'eau.

La loutre essaya la première de plonger jusqu'au fond des eaux gonflées par l'inondation, mais, épuisée après trois essais, elle dut abandonner. Le castor fit lui aussi trois tentatives, mais l'épuisement l'obligea lui aussi à abandonner. Enfin, le petit rat musqué réussit à son troisième essai, et remonta avec un peu de terre entre les mâchoires.

Fou de joie, Wisakedjak prit la terre et la multiplia jusqu'à former une île sur laquelle ils purent tous se reposer. Voyant qu'ils avaient des regrets, le Créateur ordonna aux rivières de ramener l'eau dans les océans et recréa les humains, les animaux et les arbres. Cette fois, il retira à Wisakedjak ses pouvoirs sur les humains et les animaux, lui laissant uniquement ceux de flatter ou de décevoir. C'est pourquoi, même de nos jours, Wisakedjak peut encore tromper les humains et leur causer beaucoup d'ennuis.

POUPÉE INNUE

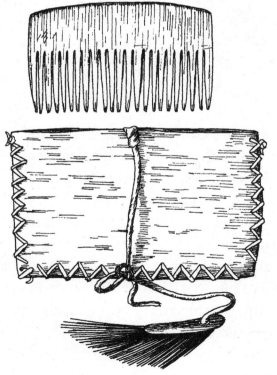

PEIGNE AVEC UN ÉTUI EN
ÉCORCE ET UNE BALAYETTE

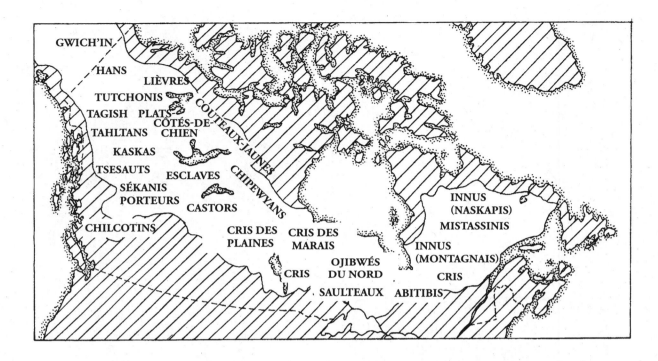

Peuples autochtones du subarctique

Les peuples qui vivaient dans les forêts froides plus au nord, au sud de l'Arctique, appartenaient à deux principaux groupes. Au nord-est, on retrouvait des peuples qui parlaient des dialectes de la langue algonquine comme les Innus (Montagnais-Naskapis), les Cris, les Ojibwés du Nord et les Algonquins. Au nord-ouest, c'était des peuples qui parlaient différentes versions de la langue athapascane comme les Gwich'in, les Lièvres, les Tutchonis, les Kaskas, les Plats-Côtés-de-Chien, les Couteaux-jaunes, les Chipewyans, les Sékanis et les Castors. Les animaux dont dépendaient les peuples du subarctique pour leur alimentation, leurs vêtements et leurs abris migraient selon les saisons. Ces peuples sont donc devenus nomades, poursuivant les créatures sauvages d'un endroit à un autre.

Chamans

Un chaman était un guérisseur ou une guérisseuse qui traitait les maladies au moyen d'une médecine magique à base de racines et d'écorces, et en communiquant avec les esprits animaux en rêve. Ils prédisaient l'avenir en pratiquant des rites mystérieux comme la « tente tremblante ». Seuls les chamans connaissaient les mystères qui se déroulaient sous la tente.

Esprits des animaux

Les peuples nomades croyaient que tous les animaux avaient un esprit. Si les chasseurs cris tuaient un ours, ils allumaient leur pipe, envoyaient de la fumée sur l'animal mort, et suppliaient l'esprit en colère de leur pardonner, lui expliquant qu'il était nécessaire de tuer l'animal pour se nourrir de sa viande et se protéger du froid avec sa fourrure.

Chiffre sacré

Les Algonquins et d'autres peuples du subarctique croyaient que le chiffre quatre était sacré. Ce chiffre décrivait comment le Grand Esprit (Dieu) avait créé le monde avec quatre directions (nord, sud, est, ouest), quatre saisons (automne, hiver, printemps, été), quatre parties de la plante (racine, tige, feuille, fleur), et ainsi de suite.

Windigo

Windigo était un démon puissant qui causait du tort aux humains et leur faisait du mal.

Carte d'os

Les Innus (Naskapis) observaient une cérémonie appelée « scapulomancie » au cours de laquelle ils plaçaient des os dans un feu sacré. Une fois le feu éteint et refroidi, ils lisaient dans les os éclatés où se trouvaient les troupeaux et la piste à suivre.

Être humain ou non civilisé?

Le terme « Innu » (être humain, personne) est le nom que se donnent aujourd'hui les Montagnais et les Naskapis, des noms utilisés par les non-Innus. Au fil des ans, le nom « Naskapi » désignait les Innus du Grand Nord et a pris la connotation de « non christianisé ou non civilisé ». Les Montagnais, qui habitaient les Laurentides, au sud, tiennent eux-mêmes leur nom des premiers colons français. Ce nom dérive du terme « montagne ». Les Français ont également donné leur nom aux Athapascans que nous appelons maintenant Esclaves, car leurs voisins, les Cris, les attaquaient parfois pour en ramener quelques-uns captifs.

Mots amérindiens utilisés en français

Au Canada, nous utilisons aujourd'hui de nombreux mots d'origine amérindienne. Par exemple, nous utilisons les termes mocassins, pemmican, muskeg et toboggan.

Raquettes

Les peuples nomades se servaient de raquettes en forme de pattes d'ours (rondes) ou de queues de castor pour marcher dans la neige molle et profonde, et de longues raquettes étroites aux extrémités effilées pour la neige gelée et durcie.

CARIBOU

Chasser les troupeaux

Les chasseurs munis de lances, ou d'arc et de flèches, suivaient la piste des troupeaux de gros animaux dans les épaisses forêts subarctiques. De nombreux Algonquins chassaient l'orignal. Les peuplades du nord chassaient le caribou, comme celui illustré ci-dessus, et les peuples du sud traquaient le chevreuil. Ils utilisaient des trappes ou des pièges pour attraper le petit gibier comme le castor ou le lièvre.

Jeu cri du mocassin

Pour ce jeu de devinette, il faut avoir les mains rapides et de bons yeux! Un grand nombre d'Amérindiens d'Amérique du Nord et de l'Arctique, jusqu'au sud-ouest américain, jouaient à des jeux du même genre.

Ce qu'il te faut :

Quatre petites balles, billes ou pierres de la même taille (trois d'une couleur et la quatrième d'une autre couleur)

Quatre mocassins (Des chaussures ou des pièces de tissu de la forme d'un mocassin feront l'affaire.)

Une baguette d'environ un demi-mètre à un mètre de longueur

Ce qu'il faut faire*:

1. Ce jeu se joue à deux. Le premier joueur cache chacune des quatre balles sous un mocassin pendant que l'autre joueur l'observe. Fais bien attention à ce que l'observateur ne voie pas sous quel mocassin le premier joueur a placé la balle de couleur différente.

2. Le deuxième joueur doit deviner sous quel mocassin la balle de couleur différente est placée.

3. La baguette sert à retourner les mocassins afin que personne ne puisse modifier l'emplacement des balles à la dernière minute.

4. C'est ensuite au deuxième joueur à cacher les balles et le jeu se poursuit ainsi à tour de rôle.

5. Celui qui gagne la partie est le premier joueur à obtenir la bonne réponse un nombre prédéterminé de fois, disons cinq ou dix.

*Tu peux photocopier ou tracer la page suivante.

QUATRE BALLES

MOCASSINS ET BAGUETTE

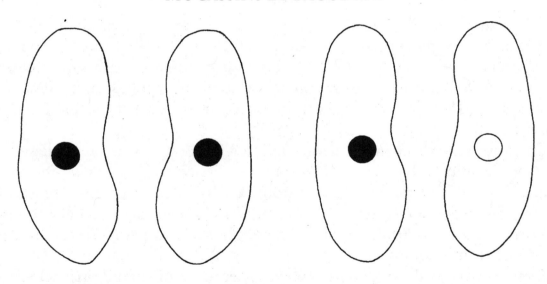

4 *Inuits du Nord*

Père Corbeau

Imagine ce que ce serait de vivre dans l'Arctique gelé et noir avant les inventions modernes. Les Inuits disent que personne ne sait vraiment comment la vie commence ou finit. Nous sommes nés de la noirceur et nous y retournerons lorsque nous mourrons. Voici une histoire que racontaient les anciens :

Tulungersaq se réveilla soudain dans le noir. Il tendit les bras pour chercher à tâtons, mais il ne rencontra que de la glaise inerte. Puis, il se toucha le visage et sentit son nez, ses yeux et sa bouche. Il était un être humain... ce que nous sommes aujourd'hui. Sur son front, il découvrit un nœud mystérieux et se demanda ce qu'il faisait là. Dans le noir, il trouva un objet dur sur le sol et, instinctivement, il l'enterra.

En continuant de chercher alentour, il se glissa doucement sur la glaise froide puis s'arrêta au bord d'un ravin. Il lança une poignée de glaise dans l'espace vide, mais n'entendit rien tomber. En se retournant, il entendit un ronronnement et quelque chose de mou lui tomba dans la main. Il caressa délicatement la minuscule créature et découvrit qu'elle avait un bec, des plumes et de petites serres en guise de pieds. C'était un moineau.

Il retourna là où il avait enterré l'objet et découvrit qu'il avait pris racine et que la glaise était maintenant recouverte d'herbe et de buissons. Tulungersaq se sentit seul et, avec de la glaise, il fabriqua un personnage à son image. Le personnage prit vie instantanément et commença à creuser la terre. Mais cette créature n'était

MASQUE INUIT

pas comme lui... elle avait un mauvais caractère destructeur. Réalisant son erreur, Tulungersaq la traîna jusqu'au bord du ravin et la jeta dans le précipice. Plus tard, cette créature deviendra Tornaq, le mauvais esprit qui tourmente la terre.

Le moineau, qui était devenu le compagnon inséparable de Tulungersaq, se tenait souvent sur son épaule. Curieux au sujet du précipice, Tulungersaq envoya le moineau l'explorer.

Lorsque l'oiseau revint, il lui apprit qu'une nouvelle terre se formait là, dans le monde d'en bas.

Déterminé à voir cette terre de ses propres yeux, Tulungersaq se fabriqua des ailes et se les fixa aux épaules à l'aide de branches. À sa surprise, elles se transformèrent en ailes véritables et il sentit lui pousser des plumes.

Le nœud mystérieux sur son front devint un bec. Il était devenu un oiseau noir qui pouvait voler. Il se donna le nom de Corbeau.

Puis, il quitta le monde de la noirceur, qu'il appela ciel, pour se rendre au fond du précipice, qu'il appela terre. Là, il créa de nouvelles herbes et de nouvelles fleurs. Lorsqu'une grosse gousse arriva à maturité, il l'ouvrit et il en sortit un bel être humain adulte. Étonné, Corbeau jeta son masque d'oiseau et se changea lui-même en humain, accueillant le nouveau venu avec joie. D'autres humains sortirent des autres gousses.

« Quand j'ai planté ces gousses, je ne savais pas ce qui en sortirait », admit-il.

Plus tard, un grand monstre marin noir émergea de l'océan et Corbeau aida les humains à le tuer. Ils dépecèrent la carcasse et en lancèrent des morceaux partout, lesquels devinrent les grandes îles de l'Arctique. La terre continua lentement à s'agrandir et devint l'habitat des humains et des autres créatures.

Corbeau rassembla son peuple et déclara : « Je suis votre père et votre créateur… Vous ne devrez jamais m'oublier! »

Finalement, Corbeau retourna dans l'obscur monde d'en haut après avoir lancé des pierres à feu dans le ciel, ce qui créa la lumière sur la terre.

DANSE DU TAMBOUR

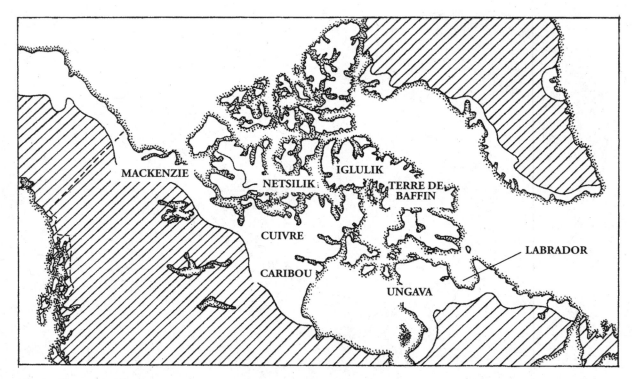

Peuples nordiques

Les habitants de l'Arctique devaient être acharnés et forts pour survivre dans le froid et des conditions de vie pénibles. Ils se nourrissaient surtout de viande et de graisse de baleine. Les Inuits n'auraient pas pu survivre sans matière grasse dans ce climat froid et c'est pourquoi ils consommaient la graisse de baleine. Le Grand Nord abritait quatorze nations principales, dont quatre en Alaska, huit au Canada et deux au Groenland. En 1999, le gouvernement canadien a reconnu les droits territoriaux des Inuits et a fondé un nouveau territoire, le Nunavut, qui leur permet de se gouverner. Les peuples inuits canadiens comprenaient les Inuits du Mackenzie, les Inuits du Cuivre, les Inuits du Caribou, les Netsilik, les Iglulik, les Inuits de la terre de Baffin, les Inuits du Labrador et les Inuits d'Ungava.

Traîneaux à chiens

Les Inuits attelaient de six à douze chiens à leurs traîneaux. Sous la limite forestière ou dans l'Ouest, on harnachait les chiens par paires ou l'un derrière l'autre, en mettant les plus forts devant, car les pistes étaient étroites. Dans le Grand Nord, les huskies étaient harnachés séparément et dispersés en éventail. Les Inuits mesuraient les distances en « dodos » plutôt qu'en milles ou en kilomètres. Ils comptaient le nombre de nuits nécessaires pour parcourir une distance.

Mangeurs de viande crue

On appelle souvent les peuples du nord les Esquimaux. Ce sont les Amérindiens du sud qui leur avaient donné ce nom qui signifie « mangeurs de viande crue ». Eux-mêmes préfèrent être appelés « Inuits », qui est leur véritable nom et qui signifie « le peuple ».

AMULETTE INUITE
EN IVOIRE

41

Kayaks et umiaks

Les Inuits utilisaient deux types d'embarcation, le *kayak* et l'*umiak*. Le *kayak* était une embarcation légère et étroite, conçue pour un seul passager et qui servait surtout à chasser. Le *kayak* pouvait mesurer de 3,5 à 6,5 mètres de longueur et être complètement recouvert sauf pour une petite partie centrale où le pagayeur prenait place. Celui-ci se servait d'une double pagaie. L'*umiak* était plus grand et servait à voyager sur la mer. Il mesurait de 9 à 12 mètres de longueur et servait à la chasse à la baleine ou à transporter toute la famille et ses possessions. Il arrivait qu'on y fixe une voile fabriquée à partir d'intestins de phoque. Ce sont les femmes qui ramaient lorsque la famille déménageait.

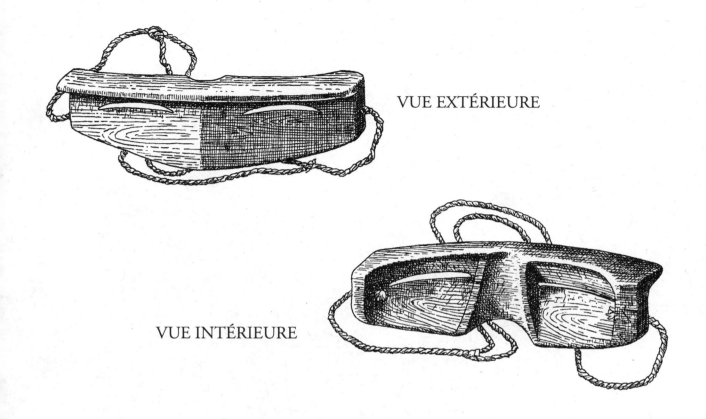

VUE EXTÉRIEURE

VUE INTÉRIEURE

Lunettes de neige

Les Inuits portaient souvent des lunettes pour se protéger les yeux des reflets du soleil sur la neige. Lorsque le soleil était bas au printemps, ses reflets sur la neige étaient particulièrement gênants. Les Inuits fabriquaient ces lunettes à partir de pièces de bois mouillé courbées et sculptées avec soin pour s'ajuster à la forme des yeux et du nez. Deux fentes étroites permettaient de voir. Ces lunettes s'attachaient derrière la tête au moyen de cordons en peau de phoque.

Extérieur de l'igloo

L'hiver, les Inuits habitaient dans un igloo construit avec de gros blocs de neige durcie et ayant la forme d'un cercle qui s'inclinait de plus en plus vers l'intérieur de manière à former un dôme. Ils pratiquaient un trou de ventilation dans le dernier bloc. Ils ajoutaient parfois une petite fenêtre semi-transparente en installant un morceau de glace ou d'intestin de phoque dans une petite ouverture creusée dans le mur de l'igloo. L'Inuit se servait d'une scie fabriquée dans des bois d'animaux pour couper les blocs, et d'un couteau d'ivoire pour les sculpter.

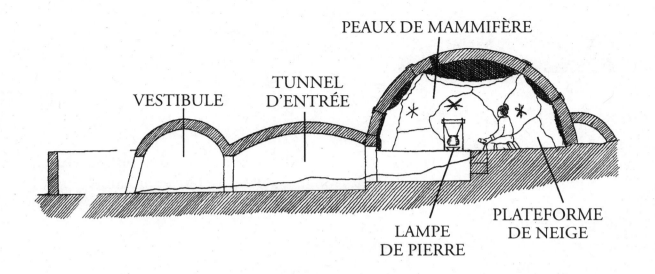

PEAUX DE MAMMIFÈRE

VESTIBULE

TUNNEL
D'ENTRÉE

LAMPE
DE PIERRE

PLATEFORME
DE NEIGE

Intérieur de l'igloo

Les Inuits se glissaient à l'intérieur de l'igloo et suspendaient leurs vêtements de fourrure dans le tunnel d'entrée. Ils n'avaient pas de meubles, seulement une plateforme de neige sur laquelle les membres de la famille dormaient et d'autres plateformes plus petites qui servaient de table et de chaises pour manger et travailler. Le toit et les murs étaient tapissés de peaux d'animaux et le lit était recouvert de fourrures chaudes. Étant donné qu'il y avait très peu d'arbres dans le Grand Nord, les Inuits faisaient brûler de l'huile de phoque dans une pierre à savon pour cuisiner et se réchauffer.

Jeu inuit

Le *nugluktaq* est un jeu de cible inuit basé sur les habiletés requises pour la chasse. On y jouait dans les igloos pendant les longues soirées de l'hiver arctique.

Ce qu'il te faut :
Deux cordes, une longue et une plus courte
Un morceau de bois ayant la forme d'un losange, d'environ 12 cm de long, au milieu duquel on a perforé un trou de 4 cm
Un morceau de bois ou une petite pierre pour le poids
Une paille de plastique pour chaque joueur

Ce qu'il faut faire :

1. Attache un bout de la longue corde au plafond ou à une branche d'arbre et passe l'autre bout par un petit trou pratiqué à un bout de l'objet en forme de losange.

2. Attache la petite corde au bas de l'objet en forme de losange et son autre bout autour du poids (en bois ou en pierre). Pousse le poids de manière à lui donner un léger mouvement de balancier.

3. Deux ou trois joueurs s'assoient autour de l'objet suspendu avec leur paille. Au signal de départ, chaque joueur essaie de passer sa paille dans le trou du milieu. Le premier à réussir gagne un point. Le premier joueur à obtenir dix points gagne la partie.

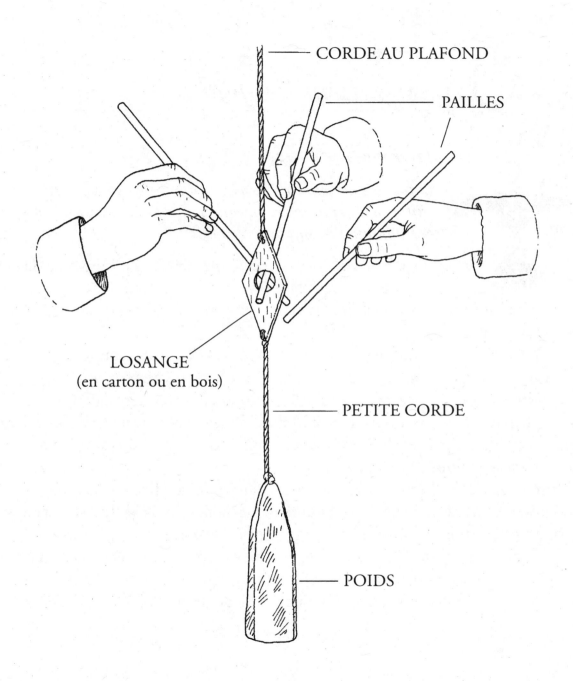

CORDE AU PLAFOND

PAILLES

LOSANGE
(en carton ou en bois)

PETITE CORDE

POIDS

49

Homme-Tonnerre

Si tu étais un jeune de la nation des Pieds-Noirs, blotti dans sa tente pendant un violent orage des prairies, tu aurais probablement entendu un aîné raconter cette histoire :

Il y a bien des lunes, trois jeunes femmes pikunies cueillaient des baies lorsqu'elles entendirent un grand bruit. Soudain, l'imposante stature d'Homme-Tonnerre, enveloppé d'une peau de vison noir, se tint devant elles.

« C'est Homme-Tonnerre », dit Petites branches, le souffle coupé.

« Il va nous tuer », gémit Poule des prairies. « Vite, fuyons vers le camp. »

Elles se mirent à courir vers leur village, mais elles sentirent la terre trembler sous leur pas. De ses pas puissants, Homme-Tonnerre les avait rattrapées. L'une des jeunes filles terrifiées, Sarcelle bleue, la fille du chef, lui cria désespérée : « Je t'épouserai si tu nous épargnes. »

Entendant cela, Homme-Tonnerre tira l'une de ses flèches lumineuses qui atteignit avec fracas le haut d'une montagne lointaine, puis se dirigea vers le sud en quittant les trois jeunes filles qui s'agitaient nerveusement.

Une semaine plus tard, alors que Sarcelle bleue ramassait du bois sans ses amies, elle aperçut un bel étranger aux cheveux roux apparaître devant elle.

« Qui es-tu? et que veux-tu? » dit Sarcelle bleue d'une voix tremblante.

COIFFURE
D'AMÉRINDIEN DES
PLAINES

« Tu m'as promis de m'épouser si je vous épargnais », répondit-il en l'enlevant avec le vent et en s'envolant avec elle dans le monde d'en haut.

Le père de Sarcelle bleue, voyant que sa fille ne revenait pas, ordonna à ses braves de la chercher, mais même les meilleurs éclaireurs ne purent retrouver sa trace. Ce fut le jeune sorcier qui apprit d'une pie bavarde ce qui s'était passé. Castor blanc dit au chef qu'il ramènerait Sarcelle bleue par la magie à la condition de pouvoir l'épouser. Le chef accepta.

Pendant ce temps, Homme-Tonnerre s'occupait bien de son épouse, dans sa tente. Les servantes lui apportaient de la viande de bison et d'antilope, et des baies sucrées. Son mari lui apporta des pierres précieuses des couleurs de l'arc-en-ciel, et elle en fit le premier collier jamais porté par une femme pikunie. Mais elle était triste parce qu'elle aimait Castor blanc en secret.

Alors qu'elle cueillait des navets sauvages, Sarcelle bleue en vit un beaucoup plus gros que les autres. Ce soir-là, la magie de Castor blanc lui permit de montrer le navet-mère à Sarcelle bleue dans ses rêves. Elle se demandait de quelle taille il pouvait bien être et jusqu'à quelle profondeur il plongeait ses racines. Le jour suivant, elle retourna le voir et commença à creuser. Elle creusa si profondément qu'elle fit un trou dans le ciel et qu'elle put voir le camp de son père dans le monde d'en bas. La tristesse s'empara de Sarcelle bleue et elle se mit à pleurer.

« Qu'est-ce qui te rendrait ton sourire? » lui demanda Homme-Tonnerre. « Laisse-moi retourner chez mon père pendant une seule lune », implora-t-elle.

Il accepta et lorsqu'elle revint vers son peuple, tous se réjouirent. Peu après, Castor blanc rappela au chef sa promesse. « Mais que vais-je dire à Homme-Tonnerre lorsqu'il viendra? » « Je m'en charge avec ma magie », dit Castor blanc pour rassurer le chef.

VIANDE DE BISON
MISE À SÉCHER

Lorsque Homme-Tonnerre revint chercher Sarcelle bleue, Castor blanc entendit la terre trembler. Ayant revêtu son costume de sorcier, il sortit de sa tente avec un calumet magique au fourneau noir orné de quatre plumes de corbeau. Il prit quatre bouffées qu'il souffla vers le nord.

Le temps se refroidit aussitôt. Homme-Tonnerre, qui n'aimait que la chaleur, recula vers le sud.

Tant que Castor blanc vécut, Homme-Tonnerre n'osa pas revenir. Quant au « calumet du tonnerre » sacré, les descendants de Sarcelle bleue et de Castor blanc se le transmirent de génération en génération.

Peuples des plaines

Les Amérindiens qui vivaient en terrain plat, dans les prairies d'herbes courtes, parcouraient tout le territoire entre les Rocheuses de l'Alberta jusqu'à ce qui est aujourd'hui le Manitoba, et vers le sud, les plaines des États-Unis. Ces peuples étaient les Pékunis (Peigans), les Kainahs (Gens-du-Sang), les Siksikas (Pieds-Noirs) et les Gros-Ventres, qui faisaient partie de la nation des Pieds-Noirs. On les appelait ainsi parce que leurs mocassins étaient noircis par les cendres des feux de prairie. Les Cris des Plaines, les Assiniboines, les Ojibwés et les Dakotas (Sioux) peuplaient également certaines parties des prairies canadiennes.

Ils habitaient des tipis portatifs qu'ils pouvaient rapidement monter et démonter lorsqu'ils suivaient les troupeaux de bison dans les prairies. Leurs armes étaient des arcs, des flèches, des pointes de lance, des lances et des casse-têtes, et on les reconnaissait à leur coiffure de guerre très colorée et à celle de leurs chefs et de leurs chamans. Les rares plumes d'aigle ne pouvaient être portées que par celui qui avait fait la preuve qu'il était un brave.

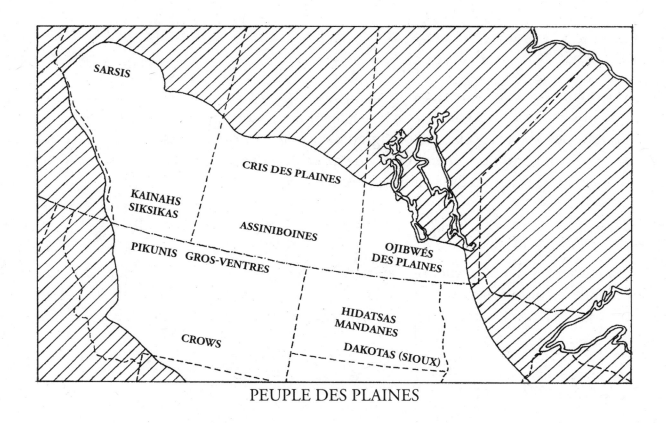

PEUPLE DES PLAINES

À l'époque des chiens

Les premiers Amérindiens des plaines n'avaient que des chiens pour transporter leurs biens sur des traîneaux ou des travois. Une fois que les Européens eurent apporté des chevaux sur ce continent, la vie des guerriers s'améliora. Ils pouvaient chasser le bison et se battre contre leurs ennemis à dos de cheval. Ils construisirent également des travois pour les chevaux et ils purent s'aventurer plus loin dans la plaine sans fin au lieu de vivre à proximité du terrain ondulé qui la bordait.

Bourse sacrée

Lorsqu'un bébé naissait dans les plaines, on coupait le cordon ombilical et on le déposait dans une bourse sacrée décorée. À mesure que l'enfant grandissait, il ajoutait des objets spéciaux ou magiques à sa bourse, qu'il portait souvent autour du cou. Son contenu n'était connu que de celui ou celle qui la portait. La perte de la bourse sacrée signifiait la mort spirituelle.

Mariage

Les jeunes filles amérindiennes se mariaient jeunes, entre douze et quatorze ans, dès qu'elles pouvaient avoir un enfant. Le jeune prétendant apportait un cadeau aux parents de la jeune fille, et si elle ne voulait pas se marier, on respectait son désir.

En quête d'une vision

Lorsqu'un jeune garçon passait à l'âge adulte, à environ treize ans, il partait seul hors du camp et arrêtait de manger pendant plusieurs jours. Pendant ce temps, il priait et réclamait une vision qui allait le diriger dans sa future vie, un esprit qui viendrait à lui en rêve ou en transe. L'esprit, souvent celui d'un animal sauvage, pouvait lui commander de devenir un guerrier, un chef, un chaman ou un chasseur. Le jeune garçon, une fois devenu plus âgé, changeait de nom, lequel était choisi selon son comportement. Son nom définitif était souvent choisi d'après les éléments de sa vision.

Calumet

Pour les Amérindiens des plaines, fumer était une cérémonie religieuse, et non une mauvaise habitude comme aujourd'hui. Seuls les hommes participaient à cette cérémonie. Ils s'asseyaient en cercle et un homme remplissait un calumet d'écorce de cornouiller soyeux et le pointait vers le ciel du nord, en l'honneur du Grand Esprit. Il le pointait ensuite vers l'est, le sud, l'ouest et encore le nord avant de prendre une bouffée et de passer le calumet aux autres dans le sens des aiguilles d'une montre.

CALUMET CÉRÉMONIAL

57

VILLAGE DES PLAINES

Précipices à bisons

Les peuples des plaines dépendaient des bisons pour se nourrir, se vêtir et construire leurs tipis. Lorsqu'ils trouvaient un troupeau de bison, le chaman dirigeait une danse qui visait à demander à l'Esprit du bison de leur accorder une bonne chasse. Avant l'arrivée des chevaux, il y avait deux façons de chasser le bison. Les guerriers pouvaient entourer le troupeau et s'en approcher lentement en silence. Au signal du chef, ils couraient vers les bisons en poussant des cris et en tirant des flèches. Ou encore, ils pouvaient effrayer les bisons et provoquer une fuite vers une falaise ou un précipice d'où les bêtes affolées se précipitaient dans le vide. La deuxième méthode pouvait leur procurer de la viande pour tout un hiver. Comme les bisons ne craignaient pas les loups, les Amérindiens se cachaient souvent sous une peau de loup pour ramper jusqu'au troupeau.

Après une bonne chasse, on donnait les meilleurs morceaux aux veuves, aux orphelins et aux vieillards. Le scrotum du bison était enterré pour remercier l'Esprit du bison.

Langage des signes des Amérindiens des plaines

Les Amérindiens des plaines parlaient différentes langues ou différents dialectes, mais ils appartenaient tous à la même culture, ce qui signifie qu'ils vivaient, s'habillaient, chassaient et célébraient tous de la même façon. Pour communiquer en vue du troc ou par diplomatie, ils avaient élaboré un langage universel de signes. Ils utilisaient plus de sept cent cinquante signes. De nos jours, ce sont surtout les personnes sourdes qui communiquent par signes, de même que les arbitres et les juges de ligne au football, au baseball et au hockey.

Ce qu'il te faut :
Tes mains
Un ami ou une amie

Ce qu'il faut faire :

1. À la page suivante, tu trouveras des exemples de signes à faire avec les mains. Apprends-les et inventes-en d'autres.

2. Utilise-les pour communiquer avec tes amis. La plupart de ces signes sont assez logiques. Par exemple, tu utilises peut-être déjà le signe « grand » pour décrire le poisson que tu as pêché. Il y avait également des signes pour décrire les animaux. Quel serait le signe pour le *bison* selon toi? Tu trouveras la réponse à la page 89.

Écouter	Levée du soleil	Éliminer	Langue
Grand mystère	Vrai	Cœur	Esprit
Gros	Ami	Parler	Courageux
Bon	Détruire	Non	Connaître

63

Le coracle

Les peuples des plaines étiraient une peau de bison sur un grand cadre de bois pour construire une embarcation plutôt étrange, un bateau rond, le coracle, qu'ils utilisaient pour parcourir les rivières et les lacs des prairies.

Les pow-wow

Les Amérindiens des plaines appartenaient à des sociétés ou clubs de guerriers, chamans, chasseurs, policiers ou autres fonctions au sein du groupe. Un jeune naissait dans une société, mais s'il était parrainé, il pouvait entrer dans une autre société en recevant une formation de la part d'un aîné et en apprenant les secrets et les rites de cette autre société. Des cérémonies spéciales, les pow-wow, permettaient aux membres de la société de chanter et de danser ensemble, de se rendre visite, d'échanger des vœux sacrés, d'offrir des prières de remerciement ou de demander de l'aide. Même de nos jours, certains secrets des pow-wow sont encore inconnus des non-membres.

Compter les coups

Les guerriers des plaines croyaient que de s'approcher assez près de leurs ennemis pour les toucher d'un coup de bâton était plus glorieux que de les tuer. Ils comptaient chacune de leurs victoires. Cette coutume a été observée par tous les peuples des plaines jusqu'à l'arrivée des Blancs. Les Blancs ne comprenaient pas ce jeu fondé sur l'honneur et s'empressaient de tuer un Amérindien qui tentait de marquer un coup.

Danse du soleil

Les Amérindiens des plaines croyaient que le soleil était à l'origine de toute vie. À certaines occasions, un guerrier coupait un petit arbre et le replantait au milieu du camp. Pour prouver sa bravoure, il s'insérait des crochets de bois dans la poitrine et y accrochait des lanières de cuir qu'il attachait ensuite à l'arbre. Au lever du soleil, il dansait autour de l'arbre, en transe, jusqu'à ce que les crochets lui sortent du corps. Le guerrier montrait ensuite ses cicatrices avec fierté.

CHAPITRE 6 *Peuples du plateau*

Coyote

De nos jours, la plupart des jeunes regardent des bandes dessinées à la télévision ou au cinéma, mettant en vedette des personnages animaux. Il y a longtemps, tous les enfants des peuples des montagnes Rocheuses, où se trouve aujourd'hui la Colombie-Britannique, se faisaient raconter des histoires sur les animaux. Ils connaissaient donc l'histoire suivante au sujet du coyote :

Au commencement, avant que les humains n'arrivent dans les montagnes, il n'y avait que des animaux et leur chef était Coyote, le filou, qui était idiot, avide, vantard et rusé. Lorsqu'il apprit qu'un monstre de la rivière appelé Nashlah avalait les animaux de son peuple qui remontaient la rivière Columbia, Coyote promit de les aider. Mais l'idiot ne savait absolument pas quoi faire jusqu'à ce qu'il demande à ses trois sœurs qui vivaient sous la forme d'airelles. Après avoir écouté leurs conseils, Coyote répondit avec arrogance : « Bien sûr, c'est ce que je voulais faire. »

Suivant le plan de ses sœurs, Coyote prit de la résine, de l'armoise et du bois sec, et il aiguisa cinq couteaux. Lorsqu'il s'approcha du monstre de la rivière, celui-ci ne l'avala pas parce qu'il savait que Coyote était un chef puissant. Coyote savait qu'il lui faudrait prendre le monstre par la ruse. C'est pourquoi il insulta Nashlah, le railla et le tourmenta jusqu'à ce que le monstre se mette en colère et l'avale.

Une fois dans l'estomac de Nashlah, Coyote y découvrit de nombreux animaux affamés et gelés, les victimes du monstre. Au moyen de la résine et du bois, Coyote alluma un feu pour réchauffer ses amis. Il commença ensuite à découper le cœur

du monstre pour le faire cuire et les nourrir. Mais en s'attaquant au cordon qui retenait le cœur au corps du monstre, il brisa les premier, deuxième, troisième et quatrième couteaux. Coyote réussit finalement à couper la dernière partie du cordon avec le cinquième couteau et le cœur tout entier tomba dans le feu.

Le monstre rugit et, en toussant, expulsa Coyote et ses amis. Après quoi, Coyote donna un nom à chacun de ses amis : Chevreuil, Hibou, Castor, Saumon, Cougar, Pique-bois et Ours. Il prescrivit également un nouveau règlement au monstre. « Une nouvelle race viendra bientôt, les humains », déclara-t-il. « Ils doivent pouvoir se déplacer sur la rivière. Tu ne peux pas les avaler, mais tu peux secouer leur canot quand ils passent sur ta maison. »

Depuis ce temps, Nashlah renverse rarement les canots pour avaler les humains. D'habitude, ceux-ci sortent le canot de la rivière et le transportent de manière à éviter les eaux profondes et tumultueuses là où Nashlah habite toujours.

Peuples des montagnes

En plein cœur des majestueuses Rocheuses canadiennes, diverses nations autochtones vivaient sur les plateaux forestiers ou dans les vallées luxuriantes protégées par les hautes montagnes au sommet enneigé. Elles se déplaçaient sur les rivières au courant rapide dans d'étroits canyons rocheux, butaient contre des rochers en dents de scie et se laissaient emporter par le courant des chutes écumeuses. Des peuples comme les Lillooets, les Ntlaka'pamux, les Thompsons, les Kootenays, les Secwepemcs (Shuswaps), les Okanagans, les Nicola-Similkameen, les Senijextees, les Salish du continent, les Porteurs et les Chilcotins vivaient dans l'abondance de fruits, poissons et animaux sauvages. Elles commerçaient avec les peuples de la côte du Pacifique, des grandes plaines et du subarctique, dont elles empruntaient souvent les idées et les modes de vie.

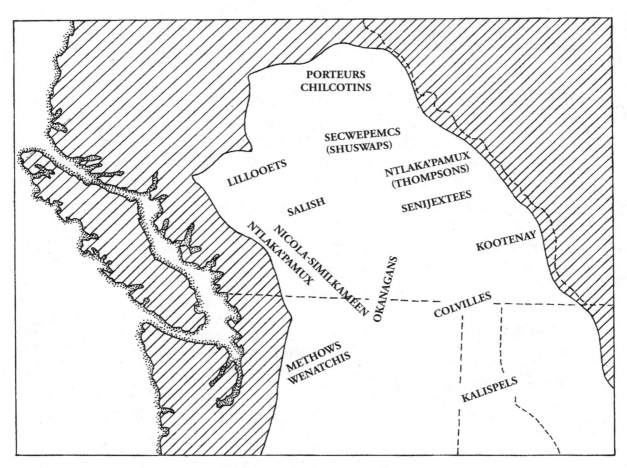

PEUPLE DES MONTAGNES

69

Invente un surnom amérindien

Les enfants amérindiens changeaient de nom en grandissant. Leur nom décrivait habituellement leur personnalité, leur comportement ou leurs accomplissements, et était fréquemment associé à la nature et aux animaux sauvages. À douze ou quatorze ans, lorsqu'ils devenaient adultes, ils choisissaient un nom permanent.

Ce qu'il te faut :
De l'imagination

Ce qu'il faut faire :

Invente un nom amérindien pour tes amis, les membres de ta famille, tes copains de classe et pour toi-même. Il faut que ce soit un nom que la personne aime. Donner un nom insultant révèle qu'on est mal élevé.

Voici quelques exemples de noms amérindiens, mais fais preuve d'originalité et invente les tiens :
Voix du tonnerre, Moineau chanteur, Fleur blanche, Saumon rapide, Pacificateur, Branche solide, Esprit rieur, Biche dorée, Grand cœur, Yeux d'aigle.

COYOTE

L'art des falaises

Si tu visites les plateaux intérieurs de la Colombie-Britannique, tu découvriras de mystérieuses peintures amérindiennes sur les parois des falaises ou des gros rochers. Ces dessins racontent l'histoire des peuples qui ont vécu à ces endroits il y a des milliers d'années. Nous ne savons plus comment les interpréter de nos jours, mais leur beauté demeure.

71

Mots croisés sur les Amérindiens*

HORIZONTALEMENT

2. Oiseau associé à la création des Inuits.
4. Quête d'une................ par le jeune garçon en vue de devenir adulte.
7. Jumeau dont le nom signifie « sage ».
10. Nom insultant donné aux Inuits.
15. Peuple autochtone appelé « cannibale » par ses ennemis.
17. Habitation béothuke.
18. Embarcation inuite à une place.
20. Unité de mesure inuite de distance pour un long déplacement.
21. Animal dont dépendaient les Amérindiens des plaines pour se nourrir.
22. Habitation du peuple des forêts.
24. Nom amérindien du sport national du Canada.
26. Animal utilisé pour tirer un travois avant l'arrivée des chevaux.
28. Fête des peuples de la côte ouest à l'occasion de l'érection d'un totem.
29. Peuple appelé « serpents à sonnettes » par ses ennemis.
30. Jumeau diabolique dont le nom signifie « pierre à feu ».
32. Habitation des Amérindiens des plaines.

* Tu peux photocopier la page des mots croisés et celle des questions. Voir les réponses à la page 89.

VERTICALEMENT

1. Peuple appelé « non civilisé » par ses ennemis.
3. Récits visuels fabriqués par les Amérindiens de la côte ouest.
5. Ceinture de perles pour se rappeler les faits historiques et les lois.
6. Ceinture créée à l'occasion de la fondation de la ligue de la paix.
8. Peuple amérindien qui habitait autrefois à Terre-Neuve.
9. Embarcation inuite pour naviguer sur l'océan.
11. Nom amérindien de Terre-Neuve.
12. Mauvais esprit puissant.
13. Continent d'où proviennent probablement les peuples amérindiens.
14. Médecin amérindien.
16. Le nom de ce groupe d'Amérindiens signifie « peuple du soleil levant ».
19. Chiffre sacré.
20. Chef iroquois qui a conclu l'alliance des Cinq Nations.
23. Aliment populaire chez les peuples de la côte ouest.
25. Jeu de cible inuit.
26. Les personnes qui vivaient dans une maison longue appartenaient à un....................
27. Maison des Inuits.
31. Qui a créé le « peuple du soleil levant »?

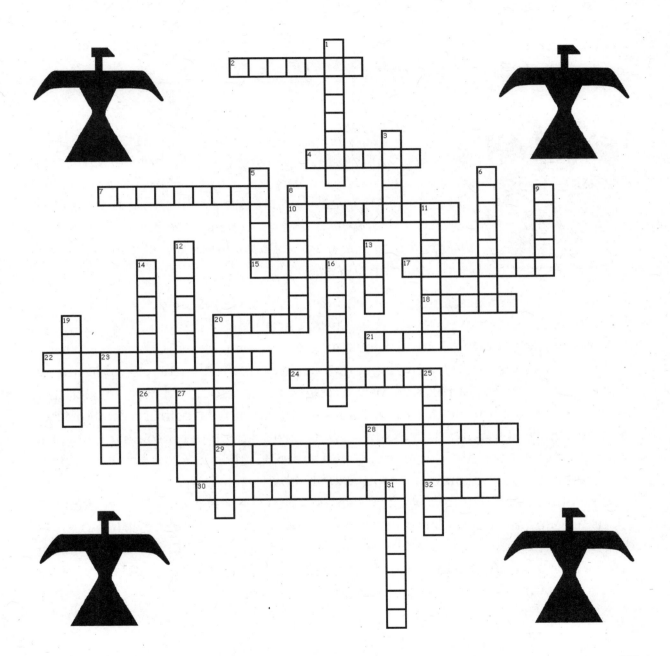

CHAPITRE 7 *Peuples du totem*

Femme-Brume

Les peuples de la côte du Pacifique se nourrissaient surtout de saumon. Si tu étais aujourd'hui un jeune Amérindien ou une jeune Amérindienne de la côte ouest, en Colombie-Britannique, tu lirais probablement le récit suivant, non pas dans un livre, mais plutôt dans la sculpture d'un grand totem de cèdre, devant la maison d'un chef :

Il y a de cela bien des lunes, Corbeau, qui avait le pouvoir de prendre forme humaine, alla pêcher avec ses deux esclaves, Gitsaqeq et Gitsanuk. Ce jour-là, ils ne pêchèrent que des poissons épineux appelés poissons-chats.

Ils se perdirent sur la rivière, dans une épaisse fumée blanche et froide qui les enveloppa. Ils furent surpris de voir émerger de ce brouillard une mystérieuse femme qui vint s'asseoir dans leur canot. Empruntant la coiffure de Corbeau, Femme-Brume la leva très haut et s'en servit pour attraper tout le brouillard, libérant le soleil, ce qui leur permit de retourner au camp. Corbeau devint amoureux de la magicienne Femme-Brume et l'épousa sur-le-champ.

Un jour, alors que Corbeau et Gitsaqeq étaient partis à la pêche, la nouvelle épouse et Gitsanuk eurent faim. Femme-Brume demanda à l'esclave de lui apporter de l'eau puis, après y avoir trempé les doigts, elle ordonna à Gitsanuk de regarder vers la mer tout en versant l'eau dans un étang. À sa surprise, l'esclave aperçut ensuite un saumon rouge dans l'étang.

DANSEUR OISEAU

Ils firent cuire ce nouveau poisson délicieux et le mangèrent, mais Femme-Brume ordonna à l'esclave de ne pas en parler à son mari. À son retour, toutefois, Corbeau remarqua un petit morceau de poisson resté coincé entre les dents de Gitsanuk et força l'esclave terrorisé à lui révéler d'où venait ce poisson.

Corbeau insista alors pour que son épouse fasse la preuve de son pouvoir secret. Il remplit sa coiffure d'eau pour que Femme-Brume puisse y tremper quatre doigts. Lorsque Corbeau vida sa coiffure, quatre saumons gras apparurent sur le sol. Après un bon repas, Femme-Brume dit à Corbeau de lui apporter de l'eau d'un ruisseau proche. Elle se lava les mains, puis remit cette eau dans le ruisseau où de nombreux saumons cramoisis firent leur apparition, nageant dans l'eau claire.

Le cupide Corbeau força alors sa femme, réticente, à faire de plus en plus de

CANOT TLINGLIT

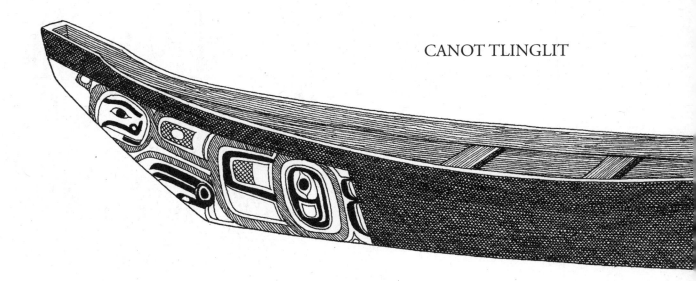

saumons, jusqu'à ce que son fumoir déborde de poissons mis à sécher. Il continua d'en demander encore et encore, mais Femme-Brume finit par refuser. En un étrange coup de tête, elle fit voleter ses cheveux vers l'arrière, et le fumoir se mit à émettre un drôle de son, de plus en plus fort, semblable au gémissement du vent.

Fâché, Corbeau essaya d'attraper son épouse, mais celle-ci lui glissa des mains comme un fin brouillard et disparut pour toujours dans la mer. Tous les saumons la suivirent. Il ne resta plus que les poissons-chats dans le fumoir de Corbeau.

Femme-Brume et sa fille, Femme-Ruisseau, vivent maintenant à la source de la rivière et font revenir le saumon une fois par année.

Peuples du totem

Dans le monde entier, seuls les Amérindiens de la côte ouest du Canada appartenaient aux clans du totem. Ils habitaient à quarante ou soixante dans de grandes maisons de cèdres, et érigeaient de majestueux totems dans lesquels étaient sculptés des récits visuels tirés de l'histoire de leur famille. Il arrivait même que la porte soit creusée dans la base d'un épais totem. Le clan ou l'emblème de la famille, au sommet du totem, était une créature comme un aigle, une chèvre des montagnes, un épaulard, un loup ou un grizzly. Parmi les peuples autochtones du Pacifique, on retrouvait les Tlingits, les Haïdas, les Tsimshians, les Nuxalks (Bella Coolas), les Kwakiutls, les Nootkas et les Salish de la côte. Chaque peuple avait ses coutumes et sa culture. Par exemple, les Nootkas chassaient la baleine et s'aventuraient dans l'océan dans de grands canots pouvant transporter une trentaine d'hommes. Les Tlingits, par ailleurs, étaient connus pour la fabrication de capes et de couvertures *chilkat* ornées et réputées pour avoir des pouvoirs magiques.

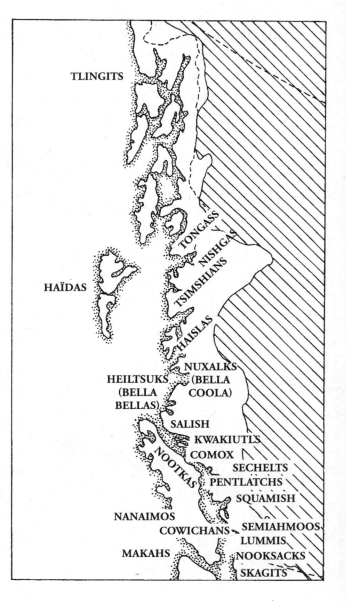

Totem

La légende de Corbeau et de Femme-Brume serait représentée comme suit par un totem. Au sommet, on aurait sculpté l'emblème du chef à qui appartient la légende, dans ce cas-ci, l'oiseau mythique de la montagne, brun avec le bout des ailes noir, appelé Kadjuk. Sous Kadjuk, on laisserait un espace vide représentant les cieux où vole l'oiseau. Ensuite commencerait le mythe, avec deux représentations d'oiseaux symbolisant les esclaves Gitsaqeq et Gitsanuk. Puis viendraient Corbeau et, enfin, Femme-Brume tenant deux saumons.

Animaux magiciens

Les peuples de la côte ouest croyaient que les animaux avaient des pouvoirs magiques qui leur permettaient d'aider ou de punir les humains et de prendre forme humaine.

Potlatch

Lorsqu'on se préparait à ériger un nouveau totem, le chef du clan organisait une grande fête appelée potlatch et y invitait tous les autres clans. Le terme potlatch signifie « cadeau », car c'était la coutume d'offrir des présents à tous les invités. Ce pouvait être des couvertures, des canots, des bijoux, des vêtements, des armes ou parfois même des esclaves. Le chef qui donnait les cadeaux ayant le plus de valeur était considéré comme le plus puissant. Il s'attendait à ce que les visiteurs l'invitent à leur tour à leur propre potlatch et lui rendent la pareille.

VILLAGE HAÏDA
ARCHIPEL DE LA REINE-CHARLOTTE

Crée un totem pour ta famille

Ce qu'il te faut :
- Un objet qui a la forme d'un totem — un rouleau de papier de toilette ou un rouleau plus long de papier absorbant
- De la peinture, des marqueurs ou des crayons de couleur

Ce qu'il faut faire :

1. Choisis un animal, un oiseau ou un poisson qui sera l'emblème de ta famille. Dessine ou peins la créature (ou colle une image découpée d'une revue ou d'un livre) au sommet du totem.

2. Pense à une aventure que toi-même ou un membre de ta famille avez vécue (voyage, premier emploi, compétition sportive, etc.)

3. Choisis des images qui pourraient servir à raconter l'événement. Colle ou dessine ce visuel sur ton totem, sous l'emblème de la famille.

4. Une fois ton totem terminé, invite tes amis ou tes copains de classe à un potlatch. Présente ton totem et raconte l'histoire.

5. Pense à un cadeau que tu pourrais offrir à tes invités comme, par exemple, des aliments (biscuits, gâteau, jus) ou des bijoux (bagues, bracelets ou colliers faits à la main). Utilise ton imagination et fabrique tes cadeaux avec des bouchons de bouteille, des pailles, des rubans, etc.)

6. Naturellement, il faudra que tes amis t'invitent à leur tour pour un potlatch et t'offrent un cadeau. Ou encore, vous pourriez tous montrer vos totems, raconter vos histoires et échanger vos cadeaux à l'occasion d'un même grand potlatch.

PÊCHEUR NOOTKA

Fabrique un masque de l'oiseau Makah

Les peuples de la côte ouest se fabriquaient des masques colorés qu'ils portaient lors des danses rituelles et d'autres cérémonies. Les oiseaux étaient très importants dans leur culture et ces masques représentaient souvent des oiseaux.

Ce qu'il te faut :

Des ciseaux et un couteau d'artiste
De la colle blanche du type Elmer
Un couteau peu tranchant, comme un couteau de table, afin de marquer les plis.
Une petite corde ou un bout de laine d'environ 30 cm de longueur
Un crayon rouge ou un crayon de couleur

Ce qu'il faut faire*:

1. Colore le visage et le bec. Ne colore pas les rabats.
2. Découpe le visage et le bec. Découpe la partie noire au centre des yeux.
3. Applique de la colle sur le rabat du milieu du bec et attache-le à l'autre côté.
4. Applique de la colle sur les rabats autour du bec et colle-les en place derrière le visage.
5. Perce les trous sur les côtés du masque et attache une ficelle.

*Tu peux photocopier ou tracer ces deux pages.

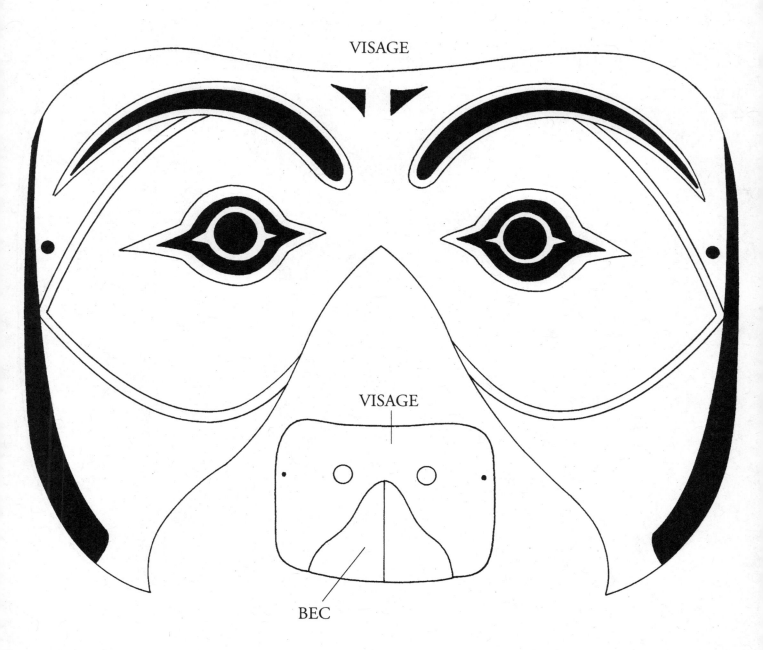

VISAGE

VISAGE

BEC

85

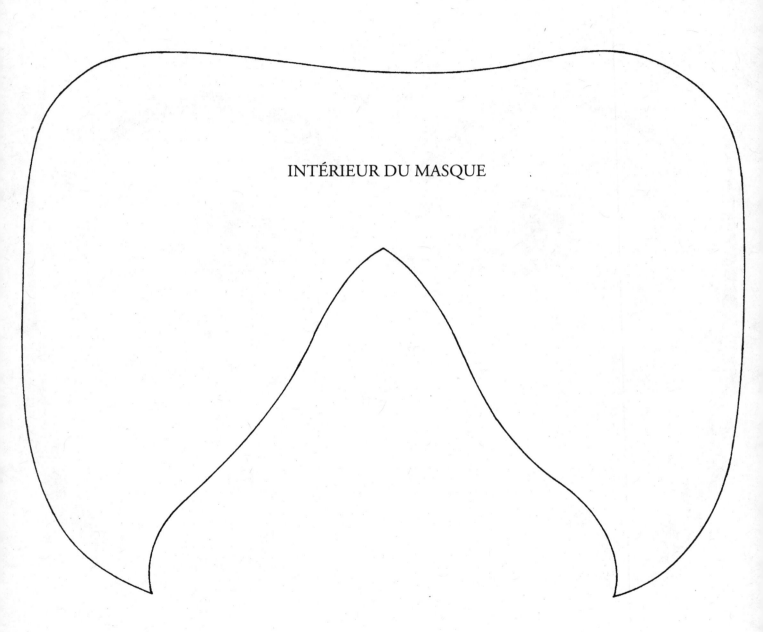

INTÉRIEUR DU MASQUE

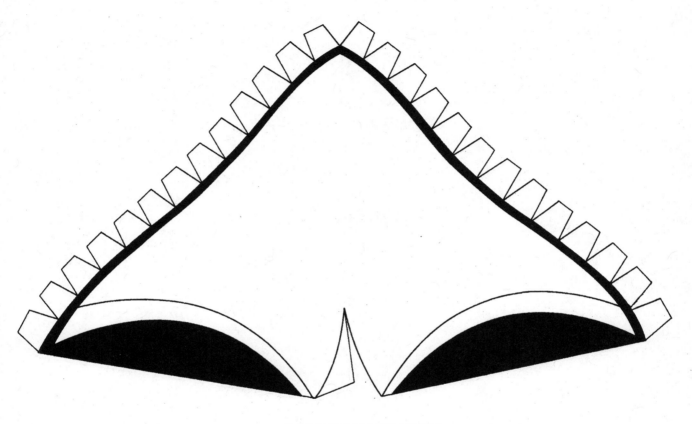

MORCEAU DU BEC

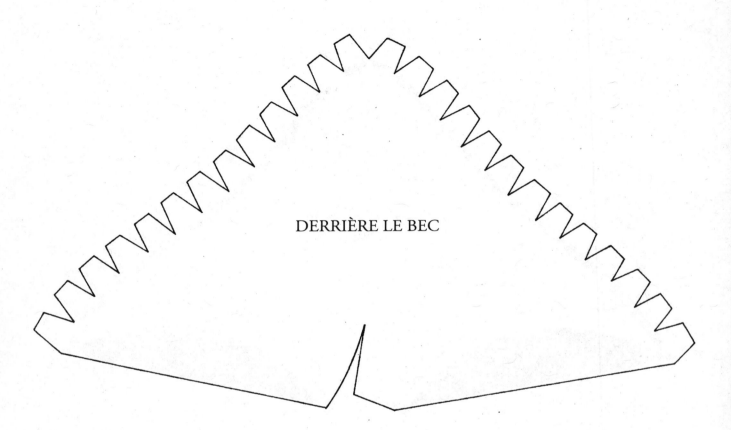

DERRIÈRE LE BEC

Réponses aux mots croisés sur les peuples amérindiens de la page 73 :

HORIZONTALEMENT	VERTICALEMENT
2. corbeau	1. Naskapis
4. vision	3. totem
7. Tijuskeha	5. wampum
10. Esquimaux	6. Hiawatha
15. Mohawks	8. Beothuks
17. mamateek	9. umiak
18. kayak	11. Uktamkoo
20. dodos	12. Windigo
21. bison	13. Asie
22. maison longue	14. chaman
24. tokhonon	16. Wabanaki
26. chien	19. quatre
28. potlatch	20. Deganawidah
29. Iroquois.	23. saumon
30. Tawiskarong	25. nugluktaq
32. tipi	26. clan
	27. igloo
	31. Glooscap

Réponse à la question sur le langage des signes des Amérindiens des plaines à la page 62 :

Index